W9-BGR-195

## Directeurs de collection :

Laure Mistral
Philippe Godard

## Dans la même collection :

Shubha, Jyoti et Bhagat vivent en Inde
Ikram, Amina et Fouad vivent en Algérie
Meihua, Shuilin et Dui vivent en Chine
Anna, Kevin et Nomzipo vivent en Afrique du Sud
Aoki, Hayo et Kenji vivent au Japon
Ahmed, Dewi et Wayan vivent en Indonésie
João, Flávia et Marcos vivent au Brésil
Rachel vit à Jérusalem, Nasser à Bethléem
Sacha, Andreï et Turar vivent en Russie
Sultana, Leila et Everett vivent aux États-Unis
Darya, Reza et Kouros vivent en Iran
N'Deye, Oury et Jean-Pierre vivent au Sénégal

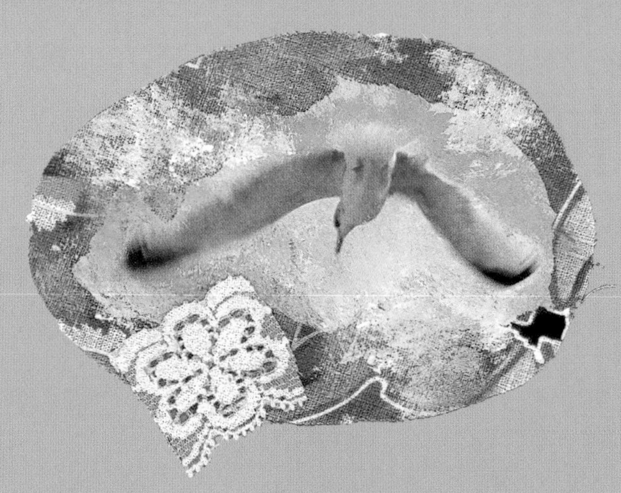

Retrouvez toutes nos publications sur :
www. lamartinierejeunesse.fr
www.lamartinieregroupe.com

Conception graphique : Elisabeth Ferté
Réalisation : Hasni Alamat

Enfants d'ailleurs

Émilie Gasc-Milesi



Illustrations
Sophie Duffet

# Kathryn, Sébastien et Virginie vivent au Canada

De La Martinière
Jeunesse

OCÉAN
ARCTIQUE

GROENLAND

ALASKA

Territoire
du
Yukon

Territoire
du
Nord-Ouest

Nunavut

OCÉAN
ATLANTIQUE

CÉAN
ACIFIQUE

Terre-Neuve-et-La

Colombie-
Britannique

Alberta

Edmonton

Saskatchewan

Vancouver

Calgary

Manitoba

Ontario

Québec

Île d
Prince-

Québec

Halif

Montréal

Nouvell
Écosse

Ottawa

Nouveau-
Brunswick

Toronto

ÉTATS-UNIS
D'AMÉRIQUE

# Voici le Canada !

**Superficie :** 9 976 147 km$^2$. Le Canada est le deuxième plus grand pays au monde, après la Russie. Il occupe la majeure partie de l'Amérique du Nord et s'étend de l'océan l'Atlantique jusqu'au Pacifique. Le Canada compte plus de deux millions de lacs. Les cours d'eau sont nombreux, comme le Saint-Laurent, un fleuve de 1 140 km de long. Les forêts couvrent près de 30 % de la surface terrestre et abondent en espèces animales. Le territoire canadien regorge d'importantes richesses naturelles ; il abrite plus de 10 % des réserves d'eau douce de la planète, mais aussi du gaz, du pétrole, de l'or, du charbon, du cuivre, etc. Seulement 12 % du territoire est habité.

**Climat :** dans un pays aussi vaste, les climats sont multiples (océanique, continental, montagneux et arctique), et il existe de grandes différences de températures entre les régions.

**Population :** 32,5 millions d'habitants aux origines diverses. 8 % de la population canadienne actuelle est née à l'étranger. Les immigrants viennent du monde entier. Ils sont Anglais, Français, Écossais, Irlandais, Allemands, Italiens, Chinois, Ukrainiens, etc.

**Religions :** 43 % de catholiques, 35 % de protestants, 16 % de non-religieux, 2 % de musulmans, 1 % de juifs, 1 % de sikhs, 1 % de bouddhistes, 1 % d'hindouistes et autres.

**Langues officielles :** l'anglais et le français. Pour devenir citoyen canadien, il est nécessaire de parler l'une de ces deux langues. Cependant, l'immigration étant très variée, de nombreuses autres langues sont pratiquées.

Le Canada est composé de 10 provinces et de 3 territoires.

# *Le Canada, terre d'immigration*

On suppose que les premiers hommes qui s'installèrent en Amérique du Nord à la préhistoire étaient des nomades.

**Ils venaient d'Asie** et auraient traversé le détroit de Béring, qui sépare l'Asie et l'Amérique et qui se trouvait alors recouvert de glace. Ils sont les ancêtres des Amérindiens, les premiers peuples d'Amérique. Les plus récentes découvertes archéologiques ont démontré que leur présence remonte à plus de dix mille ans.
Les Vikings, des navigateurs partis d'Islande, débarquèrent sur le Nouveau Continent en 982, mais ne s'y installèrent pas. Puis, au XVe siècle, alors que les grandes puissances d'Europe cherchaient une route maritime qui leur ouvrirait les portes de l'Orient, la France comme l'Angleterre envoyèrent des explorateurs.

**L'Italien Giovanni Caboto (Jean Cabot)**, à la solde du roi d'Angleterre Henri VII, aurait été le premier à accoster sur l'île du Cap-Breton en 1497. Jacques Cartier, au service du roi de France François Ier, reçut de son côté pour mission de « découvrir certaines îles et pays où l'on dit qu'il se doit trouver grande quantité d'or et autres riches choses ». En 1534, les navires français accostèrent au Canada.
L'établissement des colons français et anglais entraîna de nombreux échanges avec les autochtones, notamment pour le commerce des fourrures. Mais les Amérindiens souffrirent des bouleversements que créèrent les nouveaux arrivants et se retrouvèrent privés de leurs terres par ces derniers.

**De très nombreux conflits opposèrent Anglais et Français** pendant près de quatre siècles pour le contrôle du territoire. Les colons français étaient regroupés sur les rives du Saint-Laurent, dans l'actuelle province du Québec. Les Anglais, dont les colonies se développèrent rapidement, étaient plus nombreux. Ils parvinrent par la force à imposer leur loi aux colons français en 1760. Les Québécois résistèrent cependant à la langue et au mode de vie anglo-saxons en renforçant leur identité autour de leur religion (ils sont catholiques tandis que les Anglais sont protestants) et de leur langue. En 1867, l'Acte de l'Amérique du Nord britannique réunit les différentes colonies en un dominion (mot d'origine anglaise qui désigne un État indépendant et souverain membre de l'Empire britannique). C'est la naissance du Canada.

**Ce n'est qu'en 1982 que le Canada se dote d'une Constitution propre :** désormais, le gouvernement canadien n'a plus à consulter l'autorité britannique pour prendre des décisions.
Au fil des siècles, le Canada a continué d'accueillir différentes vagues d'immigrés, comme les Chinois qui vinrent travailler aux mines d'or ou pour la construction du chemin de fer. Aujourd'hui, c'est une nation multiculturelle où cohabitent différentes communautés.

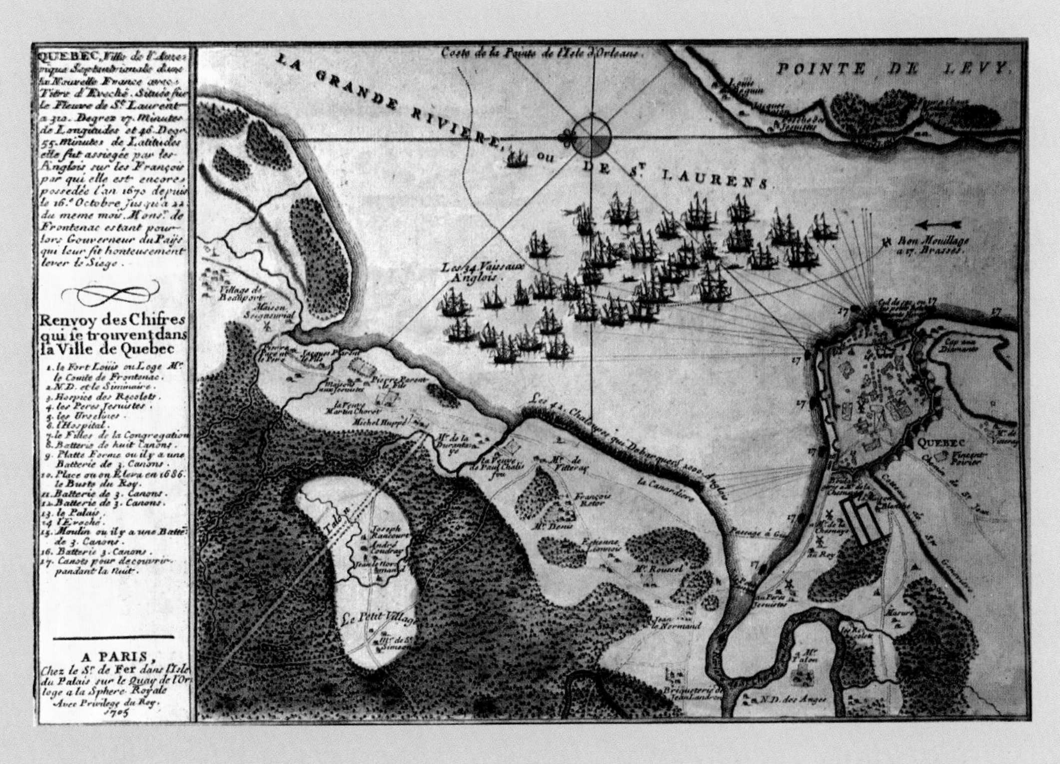


*Situation de la ville de Québec, installée sur la rive du Saint-Laurent (*kebec *en amérindien voudrait dire « là où le fleuve se rétrécit »).*
*Fondée il y a 400 ans par Samuel de Champlain, elle est un centre d'activités très important et la capitale de la province du Québec.*

# Kathryn, Sébastien et Virginie nous invitent au Canada !

*Kuei* ! *Hello* ! Bonjour ! Trois façons canadiennes de se saluer !

**Kathryn a douze ans et vit à Vancouver,** l'une des plus grandes villes du Canada et l'une des plus belles au monde. Beaucoup de cultures s'y mélangent grâce aux nombreuses vagues d'immigration. Les parents de Kathryn sont exploitants forestiers, et elle-même aime profiter de la nature et observer les baleines.

**Sébastien a onze ans et vit à Montréal,** une ville d'Amérique du Nord où l'on parle français... C'est la plus grande ville du Québec, une province très attachée à sa langue et à sa culture. Sébastien est un Québécois « pure laine », qui joue au hockey et adore le ski-doo.

**Virginie a onze ans et vit à Mashteuiatsh,** un village autochtone de la province du Québec, sur les rives du Pekuakami (le lac Saint-Jean). Elle est innue ou montagnaise – c'est le nom de la nation amérindienne dont elle est membre. Elle aime se retrouver en famille pour confectionner de petits objets traditionnels. Avec ses parents, elle participe aux pow-wow pendant l'été.

*L'hiver apporte beaucoup de joie aux enfants, même en ville. Ici, au parc Jacques Cartier à Montréal, ils s'amusent sur des glissades de neige gelées (« glissade » au Québec veut dire « toboggan ») !*

# Kathryn vit à Vancouver, « la plus belle ville du monde »

Kathryn est une Canadienne de Vancouver, ville à l'extrémité ouest du pays. On y parle anglais, et d'ailleurs, la province de Vancouver s'appelle la Colombie-Britannique. À elle toute seule, cette région est grande comme deux fois la France !

Située sur le détroit de Géorgie, face à l'île de Vancouver, elle doit son nom au navigateur anglais George Vancouver, qui avait fait un relevé géographique très précis de la côte pacifique de l'Amérique, dès 1795. Mais la ville n'a été fondée qu'en 1862. Ce n'était tout d'abord qu'une modeste scierie. Aujourd'hui, avec ses 2 millions d'habitants, Vancouver est la troisième ville du pays, après Toronto et Montréal. Elle est le principal port du Canada et un centre commercial, financier et touristique.

Vancouver est entourée d'une nature si extraordinaire que les Canadiens la présentent comme « la plus belle ville du monde ». Au nord s'élèvent les montagnes aux sommets enneigés, au sud et à l'est se déroulent les riches terres agricoles de la vallée du fleuve Fraser. À l'ouest, l'océan Pacifique donne à Kathryn des envies de voyages.

# Une nature omniprésente

Kathryn aime particulièrement cette nature toute proche et les nombreux parcs disséminés un peu partout dans sa ville.

Elle s'y promène après l'école et les jours de congé. Sur la côte du Pacifique, le climat est toujours doux, les températures ne descendent jamais en dessous de zéro, et, même s'il pleut souvent, Kathryn peut profiter d'activités de plein air. Au parc Stanley, elle joue sur les aires de jeux, roule à rollers sur les 8 kilomètres de pistes cyclables, et observe les animaux marins à l'aquarium. Le parc Stanley est le troisième plus grand parc d'Amérique du Nord avec 400 hectares de promenades en bord de mer sous les frondaisons d'arbres magnifiques, dont certains sont plus que centenaires.

**Grâce à son père, Kathryn sait maintenant reconnaître les arbres de sa province.** Certains sont étonnants, comme le cèdre jaune, qui peut vivre mille ans, ou le sapin sitka, qui peut dépasser 90 mètres de haut. Lors de sorties en forêt, Kathryn emporte toujours une clochette. C'est

pour avertir de son approche l'ours qui pourrait s'y trouver. Le Canada – et la Colombie-Britannique en particulier – est en effet le refuge d'une abondance de grands animaux.
On trouve de nombreux ours au Canada. Le grizzly vit dans les montagnes et aux abords des rivières à saumons. L'ours noir se rencontre partout au Canada, alors que l'ours blanc préfère les plages glacées du nord du pays, dans la région arctique. On peut également apercevoir l'orignal avec ses bois impressionnants, et ses cousins le wapiti et le caribou. Le couguar, un félin, est tellement discret qu'on a rarement l'occasion de le voir !

Kathryn a déjà été surprise en découvrant un ours noir fouillant un sac de déchets laissé sur le chemin par des promeneurs imprudents. Heureusement, elle était avec son père ! Il lui a montré comment s'éloigner sans inquiéter l'animal pour ne pas le rendre agressif. Tout doucement, sans geste brusque, ils ont reculé calmement sur plusieurs dizaines de mètres avant de courir alerter le garde forestier.

## L'industrie forestière

Les parents de Kathryn sont exploitants forestiers.

**Son père possède des concessions ;** ce sont des parcelles de forêt qui sont prêtées gratuitement par l'État pour permettre le commerce du bois. Son père prélève les arbres et en plante aussi, comme des cèdres rouges, dont le bois de grande qualité se vend très cher et dans le monde entier.

**Au Canada, beaucoup de personnes vivent des métiers du bois :** 17 % de la main-d'œuvre de la région métropolitaine de Vancouver dépend directement ou indirectement de l'industrie forestière.
Les forêts sont très importantes : rien que sur cette province, elles recouvrent presque les deux tiers du territoire. Leur exploitation est à l'origine du développement du pays et de la ville. En 1805, les autorités

*Un bûcheron observe les coupes réalisées pour l'industrie forestière. Les espaces rasés sont très impressionnants.*

britanniques supprimèrent les taxes sur le bois des colonies. Le commerce devint donc très attractif pour ceux qui voulaient s'y lancer, et dépassa celui des fourrures ; il fut même pendant longtemps la seule ressource du pays. L'exploitation forestière se développa très rapidement au XIX^e^ siècle. De grandes quantités de bois étaient facilement acheminées grâce aux nombreuses rivières qui permettaient le transport des troncs sur de longues distances. Les bûcherons coupaient les arbres puis jetaient à l'eau les troncs. Grâce au courant, ils arrivaient jusqu'à la scierie – on les appelait les « bois flottés ».

**Les chantiers se multiplièrent,** et le commerce du bois fit surgir de nombreuses entreprises de coupe. Aujourd'hui, le bois est exporté aux États-Unis, en Europe, et jusqu'en Australie et en Afrique du Sud. Il est commercialisé sous toutes ses formes, depuis le bois d'œuvre, qui sert à construire les meubles et les bâtiments, jusqu'à la pâte à papier ! Au Québec, la ville de Trois-Rivières fut même la capitale mondiale de la production de papier journal !

**En deux siècles, l'exploitation forestière a fortement évolué avec la modernisation.** Aujourd'hui, ce ne sont plus des bûcherons installés en campement pour l'hiver qui coupent les bois à la force de leurs bras avec des haches et des scies, mais des engins commandés par un homme seul. La main-d'œuvre nécessaire est donc beaucoup moins importante, et les coupes, beaucoup plus rapides et nombreuses, sont plus dévastatrices. D'intenses batailles environnementales ont eu lieu au cours des dernières années pour protéger les forêts. En effet, 53 % de la forêt pluvieuse tempérée (typique de cette zone) a déjà été récoltée.

## La « baleine tueuse »

Kathryn aime beaucoup les ours, mais l'animal qui la fascine le plus est la « baleine tueuse », l'orque !

Elle a accroché aux murs de sa chambre plusieurs photos de ces « grands fauves de la mer » de couleur noire et blanche. Leur peau présente des formes géométriques si parfaites qu'on croirait qu'elles ont été peintes. Kathryn est impressionnée par ces mammifères qui sont très intelligents et très agiles. En un rien de temps, une orque est capable de prendre de la vitesse avec une aisance surprenante pour sa taille. Kathryn sait que si on les appelle « baleines tueuses », c'est qu'elles se nourrissent de gros poissons et peuvent aussi manger des phoques. Elle n'en a cependant pas peur car l'orque ne s'attaque jamais à l'homme.

**De nombreuses baleines vivent dans les eaux canadiennes.** Trente-trois espèces y cohabitent. La chasse à la baleine fut une exploitation commerciale importante. Auparavant, les Inuits, à l'extrême nord, et les autochtones dans l'île de Vancouver se contentaient de prises pour assurer leurs besoins en nourriture et en graisse. Mais, à partir du XVIe siècle, des bateaux européens partirent à la pêche de ces grands animaux marins pour en faire le commerce. Tout se vendait, la viande, la graisse, les os. À la suite d'une chasse excessive, plusieurs espèces sont devenues rares, comme la baleine bleue (le rorqual bleu), l'animal le plus grand de la planète, qui mesure 30 mètres de long.

**Depuis 1986, la quasi-totalité des pays du monde applique un « moratoire »** sur la chasse à la baleine : ils ont décidé de ne plus la chasser de façon industrielle. Au Canada, la seule chasse qui est autorisée est pratiquée par les membres des « premières nations », les indigènes ; c'est de toute façon une pêche très artisanale, qui ne met pas en danger l'espèce. Désormais, c'est le tourisme de l'observation des baleines qui fait recette. Ainsi, au large de la Colombie-Britannique, nombreux sont les bateaux qui vous proposent d'embarquer pour voir l'épaulard, le rorqual à bosse connu pour ses chants envoûtants, et la baleine grise.

## *Les îles sauvages*

Aujourd'hui, Kathryn et ses parents partent en balade à bord d'un Zodiac (un petit bateau à moteur) jusque sur les petites îles encore sauvages dispersées autour de l'île principale de Vancouver.

C'est un moment que Kathryn adore et qui lui donne de grandes émotions. Le bateau fonce à vive allure sur l'eau et les vagues l'éclaboussent. Puis il ralentit, les voilà qui approchent du secteur d'observation des baleines grises. Il faut parfois attendre très longtemps pour en apercevoir une.
Les phoques et les otaries sont plus familiers et viennent facilement tout près des embarcations. Kathryn s'en amuse toujours mais elle n'est plus étonnée de voir surgir de l'eau leur tête ronde.

*Dans les petites îles autour de Vancouver, on trouve de nombreuses espèces animales.*

Souvent, après avoir patienté jusqu'à découvrir un petit rorqual, Kathryn et ses parents font halte sur l'une ou l'autre des terres alentour pour se dégourdir les jambes.

**Les petites îles sont passionnantes.** Elles abritent une faune extraordinaire ! Des aigles, des faucons et des urubus à tête rouge, qui sont une espèce de vautours, planent au-dessus des terres. Les animaux y prospèrent grâce à la générosité des eaux océaniques, riches en nutriments. Sans vie humaine ou avec seulement quelques maisons et un seul passage de bateau par semaine pour les ravitailler, ces petites îles sont préservées et restent à leur état naturel. Les quelques habitants qui y vivent n'ont pas l'électricité. Le soir venu, pour retrouver sa route, Kathryn suit le chemin dessiné par des coquillages dont la nacre est légèrement fluorescente.

# Une région d'immigration

Les îles et la pêche ne sont pas les seules richesses du Canada.

**Les ressources naturelles de la Colombie-Britannique** ont attiré un grand nombre d'immigrants au cours des siècles. Les Amérindiens avaient déjà découvert la richesse de cette zone et établi leurs villages sur les rives du fleuve Fraser en raison de l'abondance de ses saumons. Puis, au XIXe siècle, on vint du monde entier avec l'espoir de trouver de l'or dans les eaux du fleuve, et non plus seulement des saumons !

**Ensuite débarquèrent des paysans européens,** parmi lesquels les aïeux de Kathryn. En Europe, ils n'étaient pas propriétaires de leurs terres, qu'ils louaient très cher. Aussi, lorsqu'un recruteur arriva du « Nouveau Monde » en leur promettant une ferme gratuite et des terres bon marché, ils décidèrent d'embarquer. Réunissant les quelques affaires qu'ils pouvaient emporter, ces paysans voyagèrent deux mois en bateau, entassés et mal nourris. Quand ils se retrouvèrent sur la terre

*Affiche de publicité (1925) qui vante le bonheur et la richesse qu'offre la vie au Canada. Là-bas, on a de quoi se nourrir abondamment avec des vaches et des cochons, on peut cultiver le blé et les pommes de terre en abondance et les enfants sont en pleine forme !*

ferme, un régisseur de domaine leur désigna un emplacement à défricher. Ils n'en étaient pas les propriétaires mais ils pouvaient librement le cultiver.

**Le blé fut un produit de commerce lucratif.** Pourtant, comme pour les fourrures et le bois, ce fut surtout la bourgeoisie anglo-saxonne qui s'enrichit. Dès cette époque, les Canadiens d'origine anglaise étaient plus nombreux que les Canadiens d'origine française. Les autorités britanniques gouvernaient alors, et les Anglais étaient banquiers, hommes d'affaires et détenteurs du pouvoir, tandis que les Français étaient ouvriers, cultivateurs et bûcherons. Ainsi, ces différences économiques, sociales et culturelles divisèrent profondément le pays entre anglophones et francophones, pourtant unis dans une même nation.
Aujourd'hui encore, malgré la très grande diversité des Canadiens, les pouvoirs politiques, économiques et culturels sont majoritairement représentés par des hommes blancs, d'origine anglaise, et protestants.

**Vancouver attire toujours beaucoup d'immigrés** à cause de son dynamisme économique. La population de la ville a doublé en quinze ans et réunit des personnes de tous les pays ! On y parle soixante-dix langues ! Plus de quatre mille restaurants, bistrots, cafés représentent la cuisine de vingt-cinq pays différents. Chinatown, Little India, les quartiers grec et italien, mais aussi cent cinquante galeries, musées, théâtres et clubs sont les vitrines de cette diversité culturelle. Cependant, les nouveaux venus sont pénalisés. Il faut environ douze ans aux immigrants pour atteindre le même salaire moyen qu'un Canadien né au pays.

## *La communauté chinoise*

La meilleure amie de Kathryn s'appelle Keyloon ; elle est d'origine chinoise.

**Keyloon parle anglais et aussi mandarin,** la langue la plus parlée au monde. Elle est née au Canada, et ses parents en Chine. Ils ont quitté récemment leur pays en espérant offrir une vie meilleure à leurs enfants. Ils recherchaient surtout le respect de leurs droits fondamentaux, puisqu'en Chine, qui est un pays non démocratique, cela n'est pas le cas : il n'y a qu'un seul parti politique, pas d'élections libres, pas de liberté de la presse. Plus de un million de Canadiens sont originaires d'Asie.

**La communauté chinoise est présente à Vancouver depuis le XIXe siècle.** Après la ruée vers l'or, les Chinois arrivèrent en effet par milliers dans les années 1880 pour travailler à la construction du chemin de fer, le transcontinental canadien. Ce fut un chantier gigantesque qui permit de relier Toronto à Vancouver en traversant les régions du nord de l'Ontario, les plaines de l'Ouest et les montagnes Rocheuses.

**Dans l'espoir de gagner de l'argent** à rapporter à leur famille, les Chinois supportèrent des conditions de vie très dures, des brimades économiques et des réactions racistes de rejet. Pour les milliers d'immigrants venus d'Europe, il n'était pas difficile de s'établir avec leur famille au Canada, mais cela était bien plus compliqué pour les Chinois : des droits d'entrée, des frais de débarquement rendaient l'immigration asiatique plus difficile. Les autorités canadiennes refusèrent même les femmes immigrantes asiatiques pour les empêcher de fonder des familles au Canada.

**Mais, puisqu'ils ne pouvaient plus s'en retourner dans leur pays faute d'argent,** les Chinois finirent par s'établir au Canada. Avec l'assouplissement des lois, l'immigration fut simplifiée, et la communauté chinoise de Vancouver est aujourd'hui la plus grande du Canada et la troisième plus grande d'Amérique du Nord. Pour beaucoup de Chinois, Vancouver est la porte de l'Amérique.
Les Chinois sont encore très représentés dans l'artisanat, les restaurants ou les boutiques d'alimentation, mais ils travaillent désormais dans tous les secteurs. Ils ont créé plusieurs journaux en mandarin et en cantonais, une autre langue de Chine ; plusieurs radios ainsi que trois chaînes de télévision diffusent informations et divertissements. Les Chinois font maintenant partie des différentes communautés qui forment toutes ensemble le Canada. Ils ne s'installent plus seulement dans le quartier

chinois mais aussi dans les belles maisons et les riches appartements, comme ceux des gratte-ciel qui s'élèvent le long des plages.

**Kathryn aime participer au Nouvel An chinois,** entre janvier et février. Elle se promène alors avec Keyloon dans le quartier de « Chinatown ». Pour le Nouvel An, les rues et les maisons sont parées de décorations rouges (la couleur de la chance dans la culture chinoise), et les festivités animent le quartier pendant quinze jours. Le défilé de la danse du Dragon attire les foules venues de toutes les communautés. Une dizaine d'hommes sous un long dragon de coton et de soie exécutent, au son d'explosions de pétards, le « roulement du dragon », le « remuement de la queue du dragon » !

*Le Nouvel An est l'occasion pour les Canadiens de découvrir les traditions chinoises.*

# Sébastien vit à Montréal « l'Amérique en français »

Sébastien est un Québécois « pure laine » ! Les Québécois se désignent ainsi entre eux lorsque leurs origines ne sont pas métissées et qu'ils descendent directement des Français du XVIe siècle. Sébastien est cependant le seul Québécois « pure laine » de sa classe. Les autres enfants sont originaires d'une multitude de pays.

Sébastien habite Montréal, la ville la plus importante du Québec, avec 3 millions d'habitants. Les buildings y sont immenses dans le quartier des affaires. On y entend les sirènes hurlantes des voitures de police et le brouhaha des longues avenues pleines de monde. À Montréal, on peut manger à n'importe quelle heure dans les différentes grandes chaînes de restauration rapide et faire ses courses chez les « dépanneurs », des épiceries ouvertes tous les jours et toute la nuit… Montréal, c'est l'Amérique du Nord, et certains comparent même la ville à New York ! Mais, ici, on parle français.

## *Les Français au Québec*

Les ancêtres de Sébastien étaient des Bretons. Dès le XVIe siècle, on trouve des Français à Montréal. Après l'arrivée de Jacques Cartier à Gaspé, en 1534, des colonies françaises s'établissent un an plus tard à Hochelaga, un village autochtone qui allait devenir…

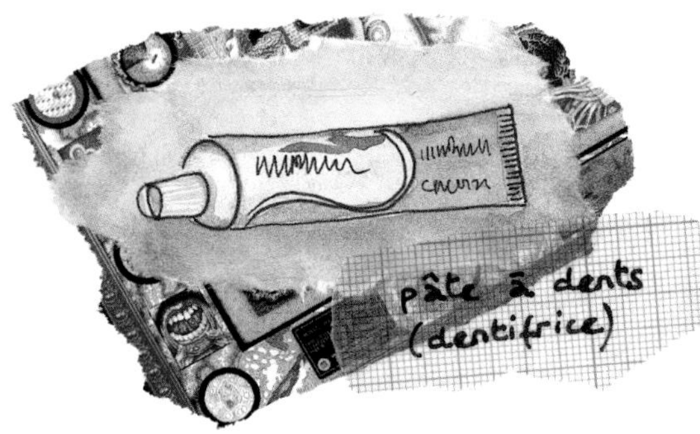


Montréal. L'empire français nord-américain s'étend considérablement jusqu'au XVIIe siècle. C'est à cette époque que la lointaine famille de Sébastien embarque à Saint-Malo sur un navire en partance pour la « Nouvelle France ». Puis, sous le roi Louis XV, alors que la France combattait les Anglais dans la guerre de Sept Ans (1756-1763), Montréal est conquise par les Britanniques. En 1760, les Français capitulent, et en 1763, le Québec revient aux Anglais.

**Sous leur contrôle, les tensions et les conflits sont nombreux entre anglophones et francophones.** Ces derniers refusent le mode de vie et la langue anglaise qu'on leur impose. Tout est écrit en anglais et l'usage du français est interdit dans les administrations et les commerces. Les rébellions se multiplient jusqu'en 1867. Le Québec obtient alors le statut de province du Canada. Le bilinguisme (l'utilisation de l'anglais et du français) est reconnu dans les institutions provinciales, et c'est aux Québécois de décider de leur développement culturel et social. En 1977 est votée la loi 101, la « Charte de la langue française ». Elle fait du français la langue officielle au Québec. Elle est désormais la langue habituelle au travail, à l'école, dans les communications, dans le commerce et dans les affaires. L'enseignement en français est obligatoire pour tous les immigrants.

*Certains mots « québécois » sont bien différents des expressions françaises !*

**En 1980 et 1995 sont organisés les référendums pour la souveraineté du Québec.** Si le « oui » l'avait emporté, le Québec serait alors devenu un nouveau pays à part entière, séparé du Canada. Mais la population québécoise l'a refusé avec 60 % de « non » en 1980, puis 50,6 % seulement en 1995. Le Québec demeure donc une province canadienne avec de nombreuses particularités.

**Sébastien est fier d'être québécois,** et il assiste chaque année aux concerts donnés pour la Saint-Jean, le 24 juin. Depuis 1977, ce jour est celui de la fête nationale au Québec. Tous les habitants sont alors en congé ; ils sortent le drapeau « fleur-de-lysé », bleu aux lys blancs, à leurs fenêtres et dans les rues. C'est ce drapeau que le navigateur Jacques Cartier avait utilisé comme emblème de la France en terre d'Amérique. Les fleurs de lys, symboles de la dynastie royale française, signifiaient donc que cette terre appartenait au roi de France. Aujourd'hui, elles marquent la proximité et l'amitié entre le Québec et la France.

## « Français, mais d'abord québécois ! »

Sébastien parle français mais, comme beaucoup d'habitants du Québec, il préfère dire par fierté pour sa culture propre qu'il parle « québécois ».

**D'ailleurs, la langue de Sébastien n'est pas tout à fait la même que le français parlé** en France. Elle a beaucoup évolué et s'est enrichie d'expressions spécifiques à la vie des Québécois.
Ainsi, certaines formules proviennent de l'anglais, à cause de l'influence britannique puis américaine. Par exemple, au Québec, on n'« annule » pas : on « cancelle », du verbe anglais *to cancel,* qui signifie « annuler ». On dit « bienvenue » pour dire « de rien » ou « il n'y a pas de quoi », exactement comme les anglophones qui disent « *you're welcome* » dans ces cas-là. La prononciation diffère également : par exemple, le « t » en fin de mot se prononce souvent. On dit « boutte » pour « bout », comme dans l'expression très courante « au boutte du boutte ». Il y a les tics de langage comme le « tsé », qui sert à rythmer les phrases : « J'étais là, tsé ! » Ou encore le « tu » qui sert de mot de liaison pour que les sons soient harmonieux : « Tu en

veux-tu ? », « Tu m'aimes-tu ? », « Tu comprends-tu ? ». On utilise parfois des mots d'un français ancien comme « dispendieux », adjectif qui, au Québec, remplace très souvent « cher ».
Et au Québec, on se tutoie pour de nombreuses raisons, comme celle, un peu naïve, de faire disparaître les hiérarchies. Le vouvoiement, plus officiel, plus froid, a été laissé de côté au profit d'un tutoiement direct et amical. Tout le monde se tutoie, le serveur comme les clients, les employés comme le directeur, et cela crée une apparente convivialité très agréable.

**Le français de Sébastien est donc différent de celui des « maudits Français »,** comme on les appelle au Québec, parce que même si les Québécois aiment la France, ils trouvent aussi que les Français râlent pour un rien, et qu'ils se montrent fort prétentieux envers leurs cousins francophones d'Amérique !
Beaucoup d'expressions, et notamment d'insultes, appartiennent au vocabulaire religieux. Ainsi, « calice », « baptême » et « tabernacle » sont des mots très injurieux, et Sébastien est comme tous les Québécois, croyants ou non : lui aussi les emploie !

## *La « Révolution tranquille »*

Sébastien, comme ses parents, est athée, ce qui signifie qu'il ne croit pas en Dieu et nie l'existence de toute divinité.

**Ses grands-parents étaient au contraire des catholiques pratiquants** très fidèles à leur Église. Car au Québec, l'Église a longtemps tenu une place très importante. Jusqu'aux années 1960, l'Église catholique dominait la vie sociale. C'était une institution omniprésente et étouffante. Elle se mêlait de politique, d'enseignement, de travail, de culture et de natalité. Partout au Québec, les villages portent encore des noms de saints (Saint-Tite, Sainte-Hyacinthe...). Ils restent les symboles de cette présence incontournable.

**Entre 1960 et 1966, pourtant, la « Révolution tranquille »** a été une période de grands changements. Le Québec religieux et conservateur a disparu, remplacé peu à peu par un Québec moderne et partisan du progrès social et économique. Ce mouvement a été porté par les intellectuels, les artistes, les syndicalistes et certains hommes politiques. Il a permis d'affirmer l'identité du Québec, et de rompre avec l'Église catholique.

## *Le Mont-Royal*

La ville de Montréal s'organise autour de sa colline, le « Mont-Royal », baptisée ainsi par Jacques Cartier lors de son second voyage, en 1535.

*La rudesse de l'hiver permet aux Montréalais de profiter de plusieurs patinoires en plein air ; celle-ci est « dans le vieux port » (comme ils disent) entourée des eaux du Saint-Laurent, face au dôme du marché Bon Secours.*

Cette colline de 230 mètres, que les Montréalais appellent affectueusement « la Montagne », accueille chaque fin de semaine un grand nombre d'habitants venus se détendre en pleine nature.

**Sébastien fait du ski au Mont-Royal l'hiver et des pique-niques l'été.** Il aime écouter les tam-tams et voir la foule danser avec énergie : chaque dimanche de la belle saison, ils sont des centaines à se retrouver pour claquer les djembés (un tam-tam africain) et bouger en rythme. D'autres, adeptes des jeux de rôles en grandeur réelle, préfèrent se déguiser et s'armer d'épées en mousse pour des combats médiévaux. D'autres encore patinent sur le lac aux Castors en hiver et s'y baignent en été. Un remonte-pente permet la pratique du ski alpin, et 20 kilomètres de sentiers sont mis à la disposition pour le ski de fond.
C'est au pied de cette colline que vit Sébastien. Ses parents sont séparés : Sébastien est un « monoparental ». C'est ainsi qu'on appelle au Québec les enfants qui vivent avec un seul parent. Il habite avec sa maman dans le quartier du plateau Mont-Royal. Comme les rues sont très très longues et peuvent même traverser la ville entière, pour indiquer son adresse, Sébastien donne toujours, en plus du numéro, le nom de sa rue et de celle qu'elle coupe. Il habite rue Clark, qui est perpendiculaire à l'avenue Mont-Royal. Aussi, il dit : « J'habite au 5432 sur Clark et Mont-Royal. »

Sa maman travaille à la Maison de la culture de son quartier. À Montréal, plusieurs de ces maisons proposent gratuitement aux habitants de découvrir des spectacles de chansons et de théâtre.

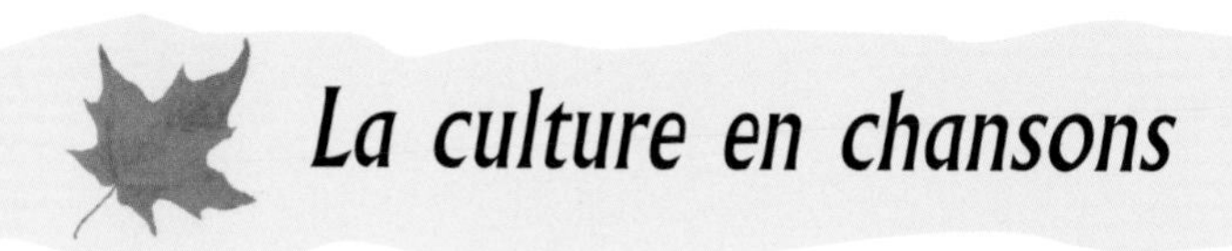

## *La culture en chansons*

Sébastien aime qu'on lui raconte des histoires qui parlent des Québécois.

Il est heureux de reconnaître dans les paroles des titres qu'il écoute la ville où il vit, l'histoire de son pays et sa culture.

**Il adore les réunions de famille au cours desquelles on joue de la musique québécoise et l'on chante.** Ces soirées se déroulent le plus souvent à la fin de l'été après une partie « d'épluchette », un nom bien trouvé puisqu'il faut éplucher les épis de maïs ! Ils se réunissent au chalet de son grand-père et font cuire des épis de maïs doux qu'ils font glisser ensuite sur une plaque de beurre avant de les croquer. Son grand-père donne alors le rythme avec ses cuillères en bois et entonne des chansons québécoises enjouées de Mary Travers, bien plus connue sous son nom d'artiste : La Bolduc. Ses tantes, oncles et cousins participent, certains jouent du violon pendant que les autres dansent les « sets carrés », une danse folklorique typiquement québécoise.

**Venue du folklore de différentes régions de France,** la musique populaire québécoise s'est transformée au fil des siècles. Au début du XXe siècle, on apprenait à jouer des instruments de musique traditionnels, comme les cuillères et les violons, mais aussi l'harmonica, la guimbarde et l'accordéon. Les musiciens populaires jouaient surtout des airs et des danses de folklore traditionnel comme les gigues.
Dès 1900, la musique québécoise se dota de moyens pour exister. Cette année-là, un atelier de pressage de disques s'installa à Montréal. En

*Les Québécois sont très attachés au folklore, à la musique et aux traditions hérités de leurs ancêtres.*

septembre 1922, CKAC Montréal devenait une des toutes premières stations francophones au monde.
Les artistes, porteurs d'identité québécoise, sont très appréciés par la population. Ainsi, ils résistent à la concurrence venant de France ou des États-Unis. Depuis les années 1920 avec La Bolduc, qui fut la première femme québécoise à gagner sa vie en tant que chanteuse, jusqu'à la star internationale Céline Dion, la chanson québécoise n'a cessé d'évoluer et de s'exporter. Les artistes de talent sont innombrables : Félix Leclerc, Robert Charlebois, Raymond Lévesque, Diane Dufresne, Jean Leloup, Pierre Lapointe, Beau Dommage, Harmonium, Florent Vollant, Loco Locass, Dobacaracol, les Trois Accords, Ariane Moffatt…

## *Le hockey sur glace*

Sébastien assiste à des concerts que sa mère organise parfois à la Maison de la culture, mais jamais les soirs de match de hockey de l'équipe des « Canadiens » !

**Les « Canadiens » sont un club de hockey sur glace professionnel,** qui fait partie de la Ligue nationale de hockey (LNH). Sébastien supporte donc les joueurs de Montréal. Le hockey sur glace est le sport national du Canada. Il a été inventé à Montréal, ce qui explique également son très grand succès.

**Pour les Canadiens français, le joueur Maurice Richard est un symbole** qui dépasse le monde du sport. Joueur des « Canadiens » de Montréal de 1942 à 1960, il établit différents records et permit à son équipe de remporter plusieurs coupes Stanley, la récompense la plus élevée en hockey sur glace, dont cinq coupes de suite. Malgré lui, ses exploits sportifs représentaient un rêve pour le peuple québécois. Dans la société québécoise alors dominée politiquement et économiquement par les anglophones, il apparaissait aux yeux de beaucoup comme un symbole de réussite et de revanche. L'auteur et chanteur Félix Leclerc écrivait : « Quand il lance, l'Amérique hurle. Quand il compte, les sourds entendent. Quand il est puni, les lignes téléphoniques sautent. Quand il passe, les recrues rêvent. C'est le vent qui patine. C'est tout le Québec qui est debout. » À sa mort, le Québec a même décrété un deuil national !

*Les enfants pratiquent le hockey sur des patinoires improvisées ou en club. L'été, c'est en rollers qu'ils y jouent, patinant sur le bitume !*

Sébastien joue au hockey avec l'équipe de son quartier. C'est sa passion ; il en fait toute l'année, et pas seulement avec le club. Quand il n'y a pas de neige, il joue avec ses copains d'école aux rollers hockey dans la cour de récréation ou dans les ruelles : les patins à glace sont remplacés par les roulettes ! Les ruelles sont idéales pour s'entraîner : ce sont des passages entre les blocs d'immeubles qui permettent de passer d'une rue à l'autre et dans lesquels les voitures ne circulent pas.

**Mais Sébastien préfère bien sûr jouer au hockey sur la glace, en patins !** Au Québec, on trouve des patinoires partout. On appelle « arenas » celles qui sont couvertes, mais celles qui sont les plus nombreuses sont très simples, et découvertes.
Le samedi après-midi en hiver, alors que la température avoisine les – 10 °C et que le soleil brille, Sébastien attrape ses patins et file rejoindre ses amis qui s'amusent dehors sur la glace. Dans un parc du quartier, des planches ont été dressées pour délimiter un terrain de hockey. Les enfants ont jeté de l'eau sur le sol et avec le froid l'eau a gelé : c'est une patinoire qui s'est créée !

## *Un hiver qui dure six mois*

Près de la moitié de l'année, de novembre à avril, c'est l'hiver au Québec : selon les régions, il tombe de 3 à 15 mètres de neige durant la saison !

Le père de Sébastien travaille pour une entreprise spécialisée dans la construction de matériel de transport et aussi de chasse-neige et de motoneiges. Pour affronter cet épais blanc manteau qui envahit le pays des mois durant, les engins de déneigement québécois doivent être très performants. Sébastien adore les voir et les entendre s'activer l'hiver après les tempêtes.

**À Montréal, on peut se coucher sans qu'il y ait de neige,** et, au réveil, le passage d'une tempête a rendu la ville méconnaissable, enfouie sous 2 mètres de poudreuse ! Les premières neiges font toujours la joie de Sébastien, puis l'hiver s'installe et dure si longtemps qu'il paraît interminable. Montréal est une des villes les plus froides du monde. Les températures peuvent descendre jusqu'à – 30 °C, et comme c'est une ville au climat humide, le froid est encore plus terrible !

**Sébastien sort toujours très habillé,** avec des couches de vêtements qu'il superpose les unes sur les autres comme un oignon ! Il porte des sous-vêtements longs, une camisole (un tee-shirt près du corps), une tuque (un bonnet), un kanuk (marque très célèbre de gros manteaux d'hiver résistants au froid), des mitaines (nom donné aux gants) et des bottes d'hiver, qui sont de grosses bottes de neige fourrées. Et, pour éviter que sa peau ne souffre trop du vent glacial, Sébastien se couvre de crème très grasse.

## Une ville sous la ville

Pour s'amuser avec ses copains lors des périodes de grand froid Sébastien prend le métro et les retrouve dans la ville souterraine.

Au complexe, ils peuvent aller au cinéma, à la bibliothèque ou encore « magasiner », comme disent les Québécois, c'est-à-dire faire du… « shopping », comme disent les Français !

**Pour permettre les déplacements dans toute la ville** et malgré le froid et l'hiver, d'immenses tunnels ont été réalisés. Ils forment 30 kilomètres d'un réseau qui compte soixante complexes d'habitations et de centres commerciaux. Ainsi, de nombreux services sont accessibles en sous-sol : des banques, des hôtels, des édifices universitaires, des résidences de luxe, avec sept stations de métro et deux stations de trains de banlieue. Les Montréalais qui vivent dans des immeubles reliés par ces tunnels et travaillent dans des bureaux situés sur une des lignes de métro de l'un des tunnels peuvent ainsi faire leurs courses, profiter de loisirs et travailler sans jamais sortir dans les rues glaciales ! Mais Sébastien ne les envie pas vraiment car, lui, adore l'hiver.

*La poutine est un plat québécois traditionnel.*

**Il attend les fins de semaine (les « week-ends » en français !)** avec impatience pour partir au chalet avec son père dans les montagnes des Laurentides faire de la motoneige et des raquettes. Il patine avec ses copains au lac des Castors et se régale de poutines dégoulinantes de sauce : un plat typiquement québécois fait de frites recouvertes de sauce à la viande et de fromage en grain. Il les achète à petit prix car, plus il fait froid à Montréal, plus le prix de la poutine baisse ! Ainsi, – 20 °C permet d'obtenir une remise de 20 % !

Double page suivante : *Une aurore boréale dans la province du Manitoba. C'est un phénomène lumineux caractérisé par des voiles extrêmement colorés dans le ciel nocturne.*

# Virginie vit à Mashteuiatsh
## une réserve sur la mer

Le village où Virginie est née il y a onze ans est niché au bord d'un lac majestueux, le lac Saint-Jean. Un lac si impressionnant par son étendue (436 kilomètres de berges) qu'on le qualifie de « mer intérieure ». Deux mille habitants sont installés dans ce village, qui ressemble aux autres mais est en réalité une réserve amérindienne.

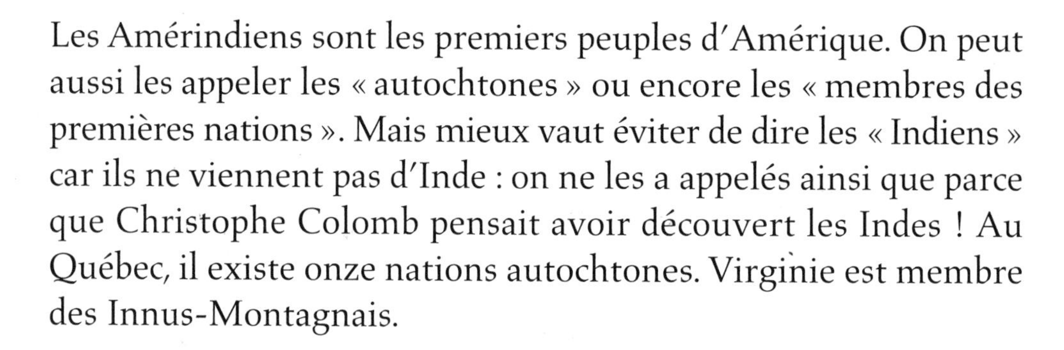

Les Amérindiens sont les premiers peuples d'Amérique. On peut aussi les appeler les « autochtones » ou encore les « membres des premières nations ». Mais mieux vaut éviter de dire les « Indiens » car ils ne viennent pas d'Inde : on ne les a appelés ainsi que parce que Christophe Colomb pensait avoir découvert les Indes ! Au Québec, il existe onze nations autochtones. Virginie est membre des Innus-Montagnais.

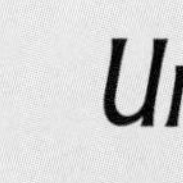

### *Un peuple millénaire*

Lorsque Virginie marche le long de la rive du Pekuakami (le lac Saint-Jean), elle sait que des siècles auparavant d'autres enfants innus s'y promenaient comme elle. Le site où s'est construit son village est en effet un lieu de rencontre ancestral pour les « premières nations ». Les Montagnais, qui étaient des tribus nomades principalement regroupées sur la Côte-Nord, des chasseurs de gibier, des pêcheurs et des cueilleurs de baies, venaient y passer les saisons chaudes.

*On raconte que l'attrapeur de rêves capture tous les songes, qu'ils soient bons ou mauvais.*

**La communauté montagnaise,** comme toutes les communautés autochtones, est très organisée et chacun y a une place et des tâches. Le travail est réparti selon le sexe : les femmes sont responsables des réserves de nourriture, de la fabrication des vêtements, tandis que les hommes sont chargés de la chasse, de la coupe du bois, etc. Les femmes ont toujours eu un statut égal à celui des hommes. L'égalité et les décisions prises par tout le groupe sont les valeurs fondatrices de la communauté.

**Certaines personnes occupent une place spéciale dans celle-ci,** comme l'arrière-grand-mère de Virginie, qui était chaman. Les chamans peuvent être des hommes ou des femmes. Ce sont des guérisseurs : on dit qu'ils ont des pouvoirs surnaturels, et soignent les maladies en invoquant les esprits. Le chaman fait le lien avec le monde des Esprits, de l'au-delà, comme s'il était le messager des Anciens. L'arrière-grand-mère de Virginie était très respectée et impressionnait beaucoup par sa sagesse et sa force de caractère. Elle possédait de nombreux talents comme celui de « voir plus loin » : elle indiquait par exemple les chemins à suivre pour trouver du gibier et soignait par des massages et par les plantes.

**Virginie elle aussi croit aux mythes des Montagnais.** Ainsi, au-dessus de son lit elle a suspendu un « attrapeur de rêves », que son père lui a fabriqué. Cela ressemble à une toile d'araignée au centre d'un cercle en bois décoré de plumes et de perles. On raconte que cette toile est lumineuse à l'aube et qu'elle s'éteint une fois le soleil levé. Le capteur de rêves attrape tous les rêves, les bons et les mauvais. Les mauvais rêves se prennent dans la toile et sont détruits par les premiers rayons du soleil. Les beaux rêves trouvent leur chemin au centre de la toile et de là, entrent dans la vie du rêveur pour le guider.

## *En harmonie avec la nature*

Les Montagnais développèrent des techniques et des compétences particulièrement adaptées à leur environnement, comme les canoës construits en écorce de bouleau pour emprunter les « chemins qui marchent », les rivières.

**Avec l'écorce et le bois de bouleau,** ils fabriquèrent également des ustensiles de cuisine. Ils inventèrent les raquettes, qu'ils utilisent pour se déplacer sur la neige, ou encore le toboggan, qui est une luge pour traîner le bois, les provisions et les enfants. Ils construisirent des habitations très ingénieuses : le tipi est de forme conique consistant en une armature de perches recouverte de peaux, facile à déménager ; le wigwam est en forme de dôme ou de cône, de structure circulaire, faite de perches, recouverte d'écorce ou de nattes de jonc.

**Héritiers de la terre, qu'ils considèrent comme « leur mère »,** ils sont très respectueux de ses biens et ne tolèrent aucun gâchis. S'ils tuent un caribou, ils utilisent chaque partie de l'animal. La viande sera mangée. La peau sera tannée et servira pour l'habitat. La fourrure permettra l'habillement. Les os et les bois serviront à la construction d'outils.

## Les relations entre Montagnais et Européens

Ce sont les richesses naturelles de la région qui favorisèrent l'implantation du village où habite Virginie.

**Cette terre fut le lieu privilégié de la traite des fourrures** entre Amérindiens et Européens. Avec l'établissement des Français, beaucoup d'échanges s'y développèrent. Ce sont d'ailleurs les immigrants français qui donnèrent le nom de Montagnais à ces habitants des petites « montagnes » de la Côte-Nord. Entre eux, les Montagnais se sont toujours appelés « Innus », ce qui signifie « hommes véritables ».
Les deux cultures s'opposèrent. Les Amérindiens se voyaient héritiers d'une nature à honorer, respecter et protéger. Les Européens se disaient conquérants, fondateurs et propriétaires.

*Deux femmes chamanes de la tribu Blood en 1930. Elles sont coiffées de plumes et de laine de bison et reçoivent ainsi les membres de leur réserve. Leur sagesse et leurs savoirs font l'admiration de tous. Elles peuvent ainsi indiquer là où se cache le gibier ou aider à lutter contre la maladie...*

**Les autochtones découvrirent avec les Européens l'usage des armes à feu.** Ils goûtèrent à l'alcool, ce qui fut terrible, car les autochtones n'ont pas l'enzyme qui leur permet de résister à la force de l'alcool ; aussi ils s'enivrent très vite et en deviennent dépendants. Et ils apprirent la notion de « profit », qui n'existait pas dans leur culture.
Les maladies inoffensives pour les Européens, habitués à les contracter, firent des ravages parmi les Amérindiens, qui n'y avaient jamais été sensibilisés. Sans oublier qu'ils furent aussi volontairement contaminés pour diminuer leur nombre et les dominer plus facilement. Des couvertures infestées par la variole leur furent offertes en échange de biens.

**Les Européens les considéraient comme des sujets.** Ils décidaient de leurs droits, voulaient les convertir à leur religion et les intégrer à leur conquête. Pour mieux les contrôler, ils leur imposèrent de se sédentariser (de vivre dans un même espace, de ne plus se déplacer).

## *Le sirop d'érable*

Si les Européens s'imposèrent face aux Innus, ceux-ci leur transmirent certaines coutumes et pratiques, comme celle liée au sirop d'érable.

**Alors que les Innus appelaient la saison de récolte de la sève la « lune d'érable »,** les Québécois la nomment « temps des sucres ». Lorsque le soleil de mars réchauffe les arbres, Virginie demande à son oncle : « Est-ce qu'on va bientôt aller aux sucres ? » Si le dégel est arrivé, alors Virginie l'accompagne jusqu'à l'érablière, la plantation d'érables, qui se trouve loin de Mashteuiatsh. Ils s'y rendent en motoneige. Virginie aime ces sorties aux sucres. Les érablières sont magnifiques sous le soleil, la neige est étincelante et il ne fait pas si froid.

**Pour produire du sirop,** il faut dans un premier temps entailler l'érable à sucre. On recueille alors la sève qui s'écoule jusque dans des seaux

*Le sirop vient de la sève qui s'écoule des érables. Pour la recueillir, on entaille l'écorce des arbres.*

attachés aux troncs des arbres ; puis on la met à chauffer et à réduire par évaporation jusqu'à l'obtention d'un délicieux sirop sucré, brun clair. Virginie aime la « tire d'érable », une sucette de sirop. Pour l'obtenir, elle laisse couler du sirop sur la neige ; au contact du froid, il se durcit lentement et elle l'enroule autour d'un bâton pour le déguster.

## Mashteuiatsh est une réserve

Virginie sait que son village est une réserve mais ce mot ne signifie rien pour elle.

**Personne ne présente Mashteuiatsh en disant « la réserve » ;** on dit « la communauté » ou « le village ». Une réserve est une terre destinée exclusivement aux Amérindiens. Sa maman lui a expliqué que, par le passé, pour que les Québécois puissent gagner de nouvelles terres, ils échangèrent celles des Amérindiens contre des constructions de mauvaise

qualité sur des terrains isolés en leur promettant des écoles, des hôpitaux, des accès pour leurs enfants aux études, et en leur assurant qu'ils seraient ensuite avocat ou médecin.
Virginie sait que les Innus ont été forcés d'accepter ces maisons de peu de valeur, qui les écartaient de leurs traditions en les privant de leurs territoires de chasse et de pêche.

**Les conditions de vie dans la plupart des réserves soulignent le mépris dont a fait preuve le Canada envers eux.** Les concessions forestières prélèvent les bois sur leurs territoires. Les constructions insalubres entraînent des pollutions de l'eau courante, qui devient impropre à la consommation. Il y a moins de services (école, hôpital, bibliothèque, piscine…) pour la population, et l'éloignement et l'isolement de la plupart des réserves contribuent au fort taux de chômage. Environ 25 % de la population des membres des premières nations en âge de travailler se trouve sans emploi.
Bien sûr, des efforts ont été fournis par les différents gouvernements pour corriger les erreurs du passé. Une forme de dédommagement pour toutes les privations et souffrances qui ont été infligées à leur peuple consiste à ne pas faire payer aux autochtones les taxes que paient les autres Québécois. Ainsi, par exemple, ils ne paient pas les taxes en supplément dans les restaurants, ni celle sur les cigarettes.

## *Retrouver ses racines*

Rien ne différencie le village de Virginie des autres villages du Québec, si ce n'est qu'il est géré par le conseil des Montagnais, à la tête duquel un chef est élu par la population.

**La maison de Virginie est semblable à n'importe quelle maison du Québec,** même si sa rue s'appelle Uapakalu (« hibou blanc ») ; la voiture de ses parents est très ordinaire. Virginie ne dort pas sous un tipi, ne voyage pas en canot, mange de la poutine, des hot-dogs et des burgers, boit du soda, regarde les séries TV et parle le québécois ! Virginie, sa famille et tous leurs voisins vivent comme les autres Québécois. Mais beaucoup d'entre eux sont au chômage, leur niveau d'études ou de formation est moins élevé, et ils souffrent davantage de maladies.

À Mashteuiatsh, beaucoup ont décidé de ne pas se laisser aller à la déprime. Une maison culturelle a été créée au bord du lac et organise des soirées où l'on apprend à découvrir ses origines et où l'on fête l'amitié. Virginie aime quand les jeunes musiciens du village viennent y jouer des reprises de Florent Vollant, une star de la chanson au Canada, Innu comme eux, et qui chante en québécois et en innu.

**Virginie a un prénom innu :** c'est Uasheshkun, qui signifie « princesse des bois ». Mais personne ne l'appelle ainsi ! Tous les Montagnais ne parlent pas innu. Leur langue a été interdite par les religieuses catholiques qui faisaient cours à l'école et l'appelaient la « langue du diable ». Ainsi rejetée et prisonnière des lois des « Blancs », la langue innu a bien failli s'éteindre.

*Cette photo prise dans une réserve montagnaise montre combien les différences ont été effacées : cette rue pourrait être celle de n'importe quel village québécois !*

**Sa *kukum*, sa grand-mère,** a appris à Virginie quelques mots, mais c'est trop peu ! Virginie veut en savoir beaucoup plus ! Lorsqu'elle était petite, il n'y avait pas de cours de langue innu. Heureusement, depuis 2002, à Mashteuiatsh comme partout au Québec, les enfants aux origines autochtones peuvent dès leur « quatrième » entrer en « classe d'immersion » et poursuivre toute leur scolarité primaire dans leur langue autochtone. Ils suivent en plus des cours de langue française et anglaise. Virginie regrette de ne pas avoir pu en profiter, mais elle sait que plus tard elle fera tout pour apprendre à parler sa langue ancestrale !

## *Une matière scolaire originale !*

Ce matin en classe, Virginie présente à ses camarades quelques-uns des rites ancestraux des autochtones.

**Elle a apporté du « foin d'odeur »,** une herbe aromatique que l'on buvait en infusion pour soulager la toux et les maux de gorge, de la sauge, du cèdre et du tabac, qui sont les herbes sacrées des Amérindiens. Et sa *kukum* est même venue parler en innu !
Sa présentation fait partie de son cours d'« univers social », une matière scolaire qui fait le lien entre la géographie, l'histoire et la vie des sociétés de différents pays. Chaque enfant choisit le sujet dont il veut parler. Ceux qui ont des origines étrangères aiment souvent présenter leur pays natal. Cela permet de développer une attitude d'ouverture sur le monde et le respect de la diversité. On découvre tous les pays et les différents modes de vie.

**À onze ans, Virginie est en classe de « cinquième », ce qui correspond au CM2.** L'école est obligatoire jusqu'à seize ans et commence à quatre ans avec la maternelle. Ces deux premières années, on y joue beaucoup. Ensuite vient le primaire, de six à douze ans. Les classes vont de la première à la sixième, qui est la dernière année avant le secondaire. On y apprend à lire et à écrire en français. L'anglais est enseigné dès la « première ». Les autres matières sont les mathématiques, les sciences et techniques, et les arts avec deux disciplines à choisir parmi l'art dramatique, les arts plastiques, la danse et la musique. Virginie a choisi la danse, car c'est l'activité qu'elle préfère.

**Les parents ont sur les matières un seul choix à faire : il concerne l'enseignement religieux.** Comme il est associé à un cours de morale qui pourrait être comparé à de l'éducation civique, les parents ont trois possibilités : la morale seule, l'enseignement catholique et la morale, ou l'enseignement protestant et la morale. Virginie est catholique, comme ses parents. Elle prend donc naturellement des cours de religion.

## *La cuisine en boîte*

À la rentrée scolaire, Virginie a choisi sa « boîte à lunch », une petite glacière rose et violette avec des fleurs peintes dessus.

**À l'école, il n'existe pas de cantine.** Chacun apporte son *lunch,* mot anglais qui signifie « déjeuner », dans sa boîte. Par facilité et manque de moyens, beaucoup de parents donnent des produits industriels prêts à être passés au micro-ondes, comme des burgers ou des pizzas. Pourtant, au Québec, il existe une véritable cuisine, réputée dans toute l'Amérique du Nord.

**Les premiers colons étaient des paysans.** Ils préparaient des repas consistants pour mieux affronter les rigueurs du climat et les travaux de force. Une cuisine familiale s'est développée au fil des siècles, intégrant poissons, gibiers, légumes et fruits frais. Le cipaille (ragoût de trois viandes aux herbes et aux légumes), les fèves au lard (plat sucré au sirop d'érable), la soupe aux pois, les cretons, la tarte au sucre et les galettes de sarrasin sont quelques exemples de ces plats traditionnels. Dans la région de Virginie, on prépare une tourtière, qui est une sorte de tarte à la viande, et une soupe aux gourganes renommée. Sans oublier la célèbre tarte aux bleuets : les bleuets sont des baies qui ressemblent aux myrtilles.

**La maman de Virginie travaille le soir au « dépanneur »,** l'épicerie ouverte sept jours sur sept et tard le soir. Le matin, elle dort et n'a pas toujours le temps de préparer un bon déjeuner. Aussi, très souvent, pour le dîner, Virginie mange des saucisses et des patates frites.

## *L'été, la saison des pow-wow*

Le Canada recense aujourd'hui 612 nations autochtones, regroupant 670 000 personnes, qui diffèrent par leur langue, leur culture et leur histoire.

**Toutes ont cependant en commun un lien très fort avec leurs territoires et leurs traditions.** Lorsque les autochtones ont commencé à vivre dans les réserves, au XIXe siècle, les familles se rassemblaient pour danser. Les pow-wow sont nés de ces réunions communautaires. Aujourd'hui, ce sont des cérémonies qui se déroulent librement, lors de la belle saison. Elles sont ouvertes à tous, autochtones et non-autochtones, et toutes les générations y participent. Le mot pow-wow signifierait « rêver »...

**Pour cette occasion, les parents de Virginie confectionnent des objets traditionnels,** comme des barrettes avec des perles ou des pendants d'oreilles, et même des mocassins, qu'ils vont vendre. Les mocassins sont les chaussures des autochtones. Ils ressemblent à d'élégantes pantoufles et sont faits à la main avec des peaux de cerf ou d'orignal. Ils sont souvent ornés de perles et de piquants de porc-épic.

Virginie aime plus que tout ces moments où ils se réunissent tous les trois avec son père et sa mère et rassemblent les différents matériaux dont ils ont besoin. Sur la table du salon, ils cousent, enfilent les perles, collent les assemblages tout en discutant agréablement ou en chantant. Virginie s'imprègne de l'ambiance chaleureuse de ces rencontres, et chaque année elle attend impatiemment la fin des classes pour vivre ce moment de fête avec sa famille. Ils chargent alors la voiture avec les objets qu'ils ont créés, et prennent la route pour participer aux pow-wow qui se déroulent dans différentes communautés autochtones du pays.

*Lors des pow-wow, le « régalia » ou vêtement de représentation (on ne dit pas costume) est très important. Les plumes et les couleurs symbolisent l'appartenance à une nation.*

## *Les danses traditionnelles*

Il se passe tant de choses lors des pow-wow !

**Virginie admire les joueurs de tambour et les chanteurs,** ils entonnent un chant et tous les participants entrent sur la piste de danse. Ils avancent et marquent les rythmes en tapant des pieds. Les tambours sont au cœur du pow-wow. On regroupe huit hommes autour d'un tambour très large, d'environ un mètre et demi de diamètre. Ce tambour est fabriqué avec des peaux de cerfs, de bisons ou de vaches, et est appelé le tambour hôte. Avec des baguettes dont les extrémités sont des boules de cuir, les joueurs battent le tambour à l'unisson et chantent.
Les femmes accompagnent les joueurs de leurs chants, interprétés dans la langue ancestrale ou bien à l'aide de simples sons harmonieux mais dépourvus de sens, tels que « a é ya o ». Ainsi, chacun peut participer à la chorale, comme pour les danses où autochtones et non-autochtones sont réunis dans une même ronde.

**Virginie apprend chaque été la danse du châle d'apparat.**
Cette danse est réservée aux femmes. Elle est passionnante et pleine d'entrain. Elle met en valeur la grâce, l'endurance et l'habileté athlétique de la danseuse, qui porte un magnifique châle décoré de longs rubans ou d'une frange. Elle est chaussée de hauts mocassins perlés ou de mocassins bas surmontés de jambières colorées.
La danseuse donne des coups de pied dans les airs, tournoie sur elle-même et exécute des mouvements rapides. Puis elle déplie son châle en le tenant à une extrémité, comme s'il s'agissait d'ailes de papillon qui se déploient. En dansant ainsi, Virginie sait qu'elle est en train de grandir : un jour, elle exécutera la danse du châle pour séduire l'un des jeunes hommes qui participent aux pow-wow. Alors, elle deviendra une femme.

## Crédits photographiques :

p. 5 © akg-images
p. 7 © Richard T. Nowitz/Corbis
p. 12 © Dewitt Jones/Corbis
p. 16 © collection privée, Peter Newark American Pictures / The Bridgeman Art Library
p. 25 © The Image Bank/Getty- Images
p. 29 © The Image Bank/Getty Images
p. 32/33 © Cordier Sylvain/ JACANA
p. 38 © Keystone-France
p. 42 avec l'aimable autorisation d'Anne Rodrigue et Éric Bazin
p. 46 © Tom Bean/Corbis

Achevé d'imprimer en juillet 2007 en France
Produit complet POLLINA - L44059

Dépôt légal : septembre 2007
ISBN : 978-2-7324-3614-2

Conforme à la loi n° 49-956 du 16 juillet 1949
sur les publications destinées à la jeunesse

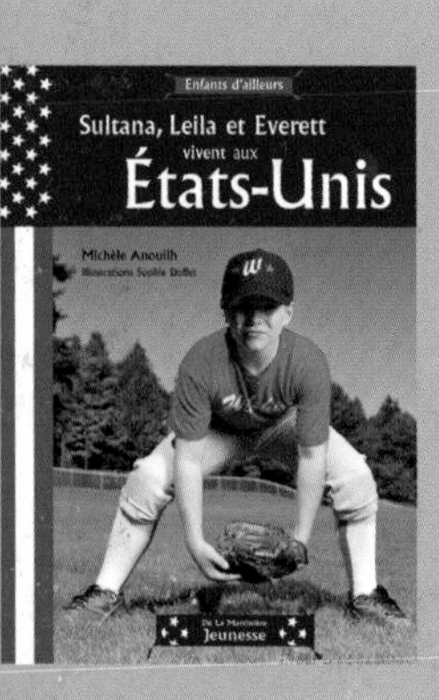
Enfants d'ailleurs
Sultana, Leila et Everett
vivent aux
États-Unis

Enfants d'ailleurs
Kathryn, Sébastien et Virginie
vivent au
Canada
Émilie Gasc-Milesi
Illustrations Sophie Duffet

Enfants d'ailleurs
João, Flávia et Marcos
vivent au
Brésil
François-Xavier Freland
Illustrations Sophie Duffet

Enfants d'ailleurs
N'Deye, Oury et Jean-Pierre
vivent au
Sénégal

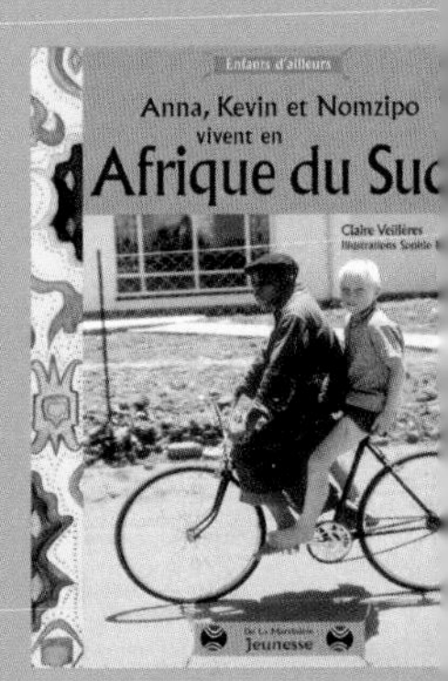
Enfants d'ailleurs
Anna, Kevin et Nomzipo
vivent en
Afrique du Sud

Enfants d'ailleurs
Aoki, Hayo et Kenji
vivent au
Japon
Alexandre Messager
Illustrations Sophie Duffet

Enfants d'ailleurs
Ahmed, Dewi et Wayan
vivent en
Indonésie

Enfants d'ailleurs
Sacha, Andreï et Turar
vivent en
Russie